श्रीरामरक्षास्तोत्रम्

श्रीरामस्तुति (मराठी)

योगदानकर्ते: शिवाली राकेश अग्रवाल

पूर्वा चक्रवर्ती

प्रकाशक: डिवाइनभारत

योगदानकर्ते: शिवाली राकेश अग्रवाल
पूर्वा चक्रवर्ती
प्रकाशक: डिवाइनभारत

ISBN: 978-93-5602-334-5
ईमेल: info@divinebharat.com
वेबसाइट: www.divinebharat.co

अनुक्रमणिका

रामरक्षा स्तोत्र : परिचय

रामरक्षा स्तोत्र हे संस्कृत भाषेत रचलेले एक अत्यंत पवित्र व प्रभावी स्तोत्र आहे. याचे पठण केल्याने श्रीरामाचे दैवी संरक्षण मिळते, अशी परंपरागत श्रद्धा आहे. या स्तोत्रात भगवान श्रीरामांच्या विविध रूपांचे आणि अंगांचे वर्णन आहे, ज्यामुळे भक्ताला जीवनाच्या सर्व संकटांपासून मुक्ती मिळून शांती, धैर्य आणि सकारात्मक ऊर्जा प्राप्त होते. मनाला स्थिरता देणारे आणि आत्मविश्वास वाढवणारे हे स्तोत्र दररोज पठण करणे अत्यंत लाभदायक मानले जाते.

रामरक्षा स्तोत्राची उत्पत्ती (परंपरागत कथा)

परंपरेनुसार, रामरक्षा स्तोत्राचे रचनाकार बुधकौशिक ऋषी आहेत. ते कठोर तपश्चर्या

करत असताना एके दिवशी त्यांच्या स्वप्नात भगवान शिव प्रकट झाले. महादेवांनी त्यांना सांगितले—

“हे बुधकौशिक! लोककल्याणासाठी मी तुला एक अद्भुत स्तोत्र देत आहे. जो मनुष्य हे रामरक्षा स्तोत्र जपेल, तो सर्व संकटांपासून सुरक्षित राहील आणि त्याला श्रीरामाचे रक्षण सतत प्राप्त होईल.”

असे सांगून भगवान शिवांनी संपूर्ण स्तोत्र ऋषींना स्वप्नातच उच्चारून दिले. जागे झाल्यानंतर बुधकौशिक ऋषींनी ते जसेच्या तसे लिहून ठेवले. म्हणूनच हे स्तोत्र “बुधकौशिककृत रामरक्षा स्तोत्र” म्हणून ओळखले जाते.

स्तोत्राचे महत्व

•हे स्तोत्र म्हणजे भगवान श्रीरामांचे दैवी कवच मानले जाते.

•शरीर, मन, घर, कुटुंब यांचे रक्षण होते, अशी श्रद्धा आहे.

•भय, रोग, नकारात्मकता आणि अडचणी दूर होतात.

•मनाला शांतता, स्थैर्य व धैर्य प्राप्त होते.

•बालकांसाठी, विद्यार्थ्यांसाठी आणि सर्व वयोगटातील भक्तांसाठी हे स्तोत्र अत्यंत शुभ मानले जाते.

पठणाची परंपरा

अनेक कुटुंबांत रामरक्षा स्तोत्र
सकाळी किंवा रात्री दररोज
पठण करण्याची परंपरा आहे. महाराष्ट्रात तर मुलांना शाळेतही हे स्तोत्र शिकवले जाते.

रामस्तुती : परिचय

रामस्तुती ही भगवान श्रीरामांच्या गुण, रूप आणि दैवी महिम्याचे वर्णन करणारी एक मनोहर स्तुती आहे. श्रीरामांच्या चरणी भक्तिभाव जागवून मन शुद्ध, शांत आणि प्रसन्न करणारी ही स्तुती मराठी परंपरेत अत्यंत प्रिय मानली जाते.

या स्तुतित श्रीरामांचे करुणामय, धर्मनिष्ठ व धैर्यशील स्वरूप अत्यंत सुंदर शब्दांत वर्णन केलेले आहे. स्तुतीच्या प्रत्येक ओळीत भक्ताला भगवान श्रीरामांचे कृपामय स्मरण होते आणि त्यांच्या आदर्श जीवनाचे मार्गदर्शन मिळते.

रामस्तुती पठणाचे फायदे

•मनातील दुःख, चिंता आणि अस्थिरता दूर होते.

•घरात सौम्यता, शांती आणि मंगलभाव निर्माण होतो.

•आत्मविश्वास, धैर्य आणि सकारात्मक ऊर्जा वाढते.

•श्रीरामांच्या कृपेने मार्गातील अडथळे दूर होतात, अशी परंपरागत श्रद्धा आहे.

पठणाची परंपरा

रामनवमी, रामायण पठण, तसेच दैनंदिन उपासनेतही अनेक भक्त रामस्तुतीचे पठण करतात. सकाळी किंवा सायंकाळी शांत वातावरणात ही स्तुती म्हटल्याने मन अतिशय प्रसन्न व भक्तिभावपूर्ण होते.

॥ ॐ श्रीगणेशाय नमः ॥

अस्य श्रीरामरक्षास्तोत्रमन्त्रस्य ।
बुधकौशिक ऋषिः ।श्रीसीतारामचन्द्रो देवता ।
अनुष्टुप् छन्दः ।सीता शक्तिः ।
श्रीमद् हनुमान कीलकम् ।
श्रीरामचन्द्रप्रीत्यर्थे रामरक्षास्तोत्रजपे विनियोगः॥

अथ ध्यानम् ।

ध्यायेद् आजानुबाहुं
धृतशरधनुषं बद्धपद्मासनस्थं ।
पीतं वासो वसानं
नवकमलदल स्पर्धि नेत्रं प्रसन्नम् ॥
वामाङ्क आरोढ सीतामुख
कमलमिलल्लोचनं नीरदाभं ।
नानालङ्कारदीप्तं
दधत् उरु जटामण्डनं रामचन्द्रम् ॥

इति ध्यानम् ॥

श्रीरामरक्षा स्तोत्रम्

१

चरितं रघुनाथस्य
शतकोटि प्रविस्तरम् ।
एकैकमक्षरं पुंसां
महापातकनाशनम् ॥

२

ध्यात्वा नीलोत्पलश्यामं
रामं राजीवलोचनम् ।
जानकीलक्ष्मणोपेतं
जटामुकुटमण्डितम् ॥

३

सासितूणधनुर्बाण
पाणिं नक्तञ्चरान्तकम् ।
स्वलीलया जगत्त्रातुं
आविर्भूतमजं विभुम् ॥

४

रामरक्षां पठेत्प्राज्ञः

पापघ्नीं सर्वकामदाम् ।

शिरो मे राघवः पातु

भालं दशरथात्मजः ॥

५

कौसल्येयो दृशौ पातु

विश्वामित्रप्रियः श्रुती ।

घ्राणं पातु यज्ञत्राता

मुखं सौमित्रिवत्सलः ॥

६

जिह्वां विद्यानिधिः पातु

कण्ठं भरतवन्दितः ।

स्कन्धौ दिव्यायुधः पातु

भुजौ भग्नेशकार्मुकः ॥

७

करौ सीतापतिः पातु

हृदयं जामदग्न्यजित् ।

मध्यं पातु खरध्वंसी

नाभिं जाम्बवानाश्रयः ॥

८

सुग्रीवेशः कटी पातु

सक्थिनी हनुमत्प्रभुः ।

ऊरू रघूत्तमः पातु

रक्षःकुलविनाशकृत् ॥

९

जानुनी सेतुकृत् पातु

जङ्घे दशमुखान्तकः ।

पादौ बिभीषणश्रीदः

पातु रामोऽखिलं वपुः ॥

१०

एतां रामबलोपेतां

रक्षां यः सुकृती पठेत् ।

स चिरायुः सुखी पुत्री

विजयी विनयी भवेत् ॥

११

पातालभूतलव्योम

चारिणश्छद्मचारिणः ।

न द्रष्टुमपि शक्तास्ते

रक्षितं रामनामभिः ॥

१२

रामेति रामभद्रेति

रामचन्द्रेति वा स्मरन् ।

नरो न लिप्यते पापैः

भुक्तिं मुक्तिं च विन्दति ॥

१३

जगज्जैत्रैकमन्त्रेण

रामनाम्नाभिरक्षितम् ।

यः कण्ठे धारयेत्तस्य

करस्थाः सर्वसिद्धयः ॥

१४

वज्रपञ्जरनामेदं

यो रामकवचं स्मरेत् ।

अव्याहताज्ञः सर्वत्र

लभते जयमङ्गलम् ॥

१५

आदिष्टवान् यथा स्वप्ने

रामरक्षामिमां हरः ।

तथा लिखितवान् प्रातः

प्रबुद्धो बुधकौशिकः ॥

१६

आरामः कल्पवृक्षाणां
विरामः सकलापदाम् ।
अभिरामस्त्रिलोकानां
रामः श्रीमान् स नः प्रभुः ॥

१७

तरुणौ रूपसम्पन्नौ
सुकुमारौ महाबलौ ।
पुण्डरीकविशालाक्षौ
चीरकृष्णाजिनाम्बरौ ॥

१८

फलमूलाशिनौ दान्तौ
तापसौ ब्रह्मचारिणौ ।
पुत्रौ दशरथस्यैतौ
भ्रातरौ रामलक्ष्मणौ ॥

१९

शरण्यौ सर्वसत्त्वानां

श्रेष्ठौ सर्वधनुष्मताम् ।

रक्षःकुलनिहन्तारौ

त्रायेतां नो रघूत्तमौ ॥

२०

आत्तसज्जधनुषाविषु

स्पृशावक्षयाशुगनिषङ्गसङ्गिनौ

रक्षणाय मम रामलक्ष्मणौ

अग्रतः पथि सदैव गच्छताम् ॥

२१

सन्नद्धः कवची खड्गी

चापबाणधरो युवा ।

गच्छन्मनोरथोऽस्माकं

रामः पातु सलक्ष्मणः ॥

२२

रामो दाशरथिः शूरो

लक्ष्मणानुचरो बली ।

काकुत्स्थः पुरुषः पूर्णः

कौसल्येयो रघूत्तमः ॥

२३

वेदान्तवेद्यो यज्ञेशः

पुराणपुरुषोत्तमः ।

जानकीवल्लभः

श्रीमान् अप्रमेयपराक्रमः ॥

२४

इत्येतानि जपन्नित्यं

मद्भक्तः श्रद्धयान्वितः ।

अश्वमेधाधिकं पुण्यं

सम्प्राप्नोति न संशयः ॥

२५

रामं दूर्वादलश्यामं
पद्माक्षं पीतवाससम् ।
स्तुवन्ति नामभिर्दिव्यैःन
ते संसारिणो नराः ॥

२६

रामं लक्ष्मणपूर्वजं रघुवरं
सीतापतिं सुन्दरम् ।
काकुत्स्थं करुणार्णवं
गुणनिधिं विप्रप्रियं धार्मिकम् ।
राजेन्द्रं सत्यसन्धं
दशरथतनयं श्यामलं
शान्तमूर्तिम् ।
वन्दे लोकाभिरामं
रघुकुलतिलकं राघवं
रावणारिम् ॥

२७

रामाय रामभद्राय
रामचन्द्राय वेधसे ।
रघुनाथाय नाथाय
सीतायाः पतये नमः ॥

२८

श्रीराम राम रघुनन्दन राम राम
श्रीराम राम भरताग्रज राम राम ।
श्रीराम राम रणकर्कश राम राम
श्रीराम राम शरणं भव राम राम ॥

२९

श्रीरामचन्द्रचरणौ मनसा स्मरामि
श्रीरामचन्द्रचरणौ वचसा गृणामि ।
श्रीरामचन्द्रचरणौ शिरसा नमामि
श्रीरामचन्द्रचरणौ शरणं प्रपद्ये ॥

३०

माता रामो मत्पिता रामचन्द्रः
स्वामी रामो मत्सखा रामचन्द्रः ।
सर्वस्वं मे रामचन्द्रो दयलुर्नान्यं
जाने नैव जाने न जाने ॥3

३१

दक्षिणे लक्ष्मणो यस्य
वामे तु जनकात्मजा ।
पुरतो मारुतिर्यस्य तं
वंदे रघुनन्दनम् ॥

३२

लोकाभिरामं रणरंगधीरं
राजीवनेत्रं रघुवंशनाथम ।
कारुण्यरूपं करुणाकरं तं
श्रीरामचंद्रं शरणं प्रपद्ये ॥

३३

मनोजवं मारुततुल्यवेगं
जितेन्द्रियं बुद्धिमतां वरिष्ठम् ।
वातात्मजं वानरयूथमुख्यं
श्रीरामदूतं शरणं प्रपद्ये ॥

३३

कूजन्तं राम रामेति
मधुरं मधुराक्षरम् ।
आरुह्य कविताशाखां वन्दे
वाल्मीकिकोकिलम् ॥

३४

आपदामपहर्तारं
दातारं सर्वसम्पदाम् ।
लोकाभिरामं श्रीरामं
भूयो भूयो नमाम्यहम् ॥

३५

भर्जनं भवबीजानामर्जनं
सुखसम्पदाम् ।
तर्जनं यमदूतानां राम
रामेति गर्जनम् ॥

३६

रामो राजमणिः सदा
विजयते रामं रामेशं भजे
रामेणाभिहता निशाचरचमू
रामाय तस्मै नमः ।

३७

रामान्नास्ति परायणं
परतरं रामस्य दासोऽस्म्यहं
रामे चित्तलयः सदा भवतु
मे भो राम मामुद्धर ॥

३८

राम रामेति रामेति रमे रामे मनोरमे ।
सहस्त्रनाम तत्तुल्यं रामनाम वरानने ॥

॥ श्रीसीतारामचन्द्रार्पणमस्तु ॥

श्रीरामस्तुति

संसारसंगें बहु शीणलों मी।
कृपा करीं रे रघुराजस्वामी।
प्रारब्ध माझें सहसा टळेना।
तुजवीण रामा मज कंठवेना ॥ १॥
मन हें विकारी स्थिरता न ये रे।
त्याचेनि संगे भ्रमती भले रे।
अपूर्व कार्या मन हैं विटेना।

तुजवीण रामा मज कंठवेना ॥ २॥

मायाप्रपंची बहु गुंतलो रे।
विशाल व्याधीमधिं बांधलों रे।
देहाभिमानें अति राहवेना।
तुजवीण रामा मज कंठवेना ॥ ३॥

दारिद्र्यदुःखे बहु कष्टलो मी।
संसारमायेंतचि गुंतलो मी।
संचित माझें मजला कळेना।
तुजवीणरामा मज कंठवेना ॥ ४॥

लक्ष्मीविलासीं बहु सौख्य वाटे।
श्रीराम ध्यातां मना कष्ट मोठे।
प्रपंचवार्ता वदतां विटेना।
तुजवीण रामा मज कंठवेना ॥ ५॥

अहोरात्र धंदा करितां पुरेना।
प्रारब्धयोगें मज राहवेना।

भवदुःख माझें कधिंही टळेना।
तुजवीण रामा मज कंठवेना ॥६॥

तीर्थासि जातां बहु दुःख वाटे।
विषयांतरी राहुनि सौख्य वाटे।
स्वहीत माझें मजला कळेना।
तुजवीण रामा मज कंठवेना ॥७॥

मी कोठुनी कोण आलों कसा हो।
स्त्रीपुत्रस्वप्नांतचि गुंतलो हो।
ऐसें कळोनी मन हें विटेना।
तुजवीण रामा मज कंठवेना ॥ ८ ॥

असत्य वाक्यानिं मुकाच झालों।
अदत्तदोषं दुःखी बुडालों।
अपूर्व करणी कशि आठवेना।
तुजवीण रामा मज कंठवेना ॥ ९॥

आब्रह्ममूर्ती मज रामसिंधु।
चैतन्यस्वामी निजदीनबंधू।
अभ्यंतरी प्रेम मनीं ठसेना।
तुजवीण रामा मज कंठवेना ॥ १०॥
विश्रांती देही अणुमात्र नाहीं।
कुळाभिमाने पडलों प्रवाही।
अशांतुनी दूर कधीं कळेना।
तुजवीण रामा मज कंठवेना ।। ११॥
विषयी जनांनी मज आळवीलें।
प्रपंचपाशांतचि बूडवीलें।
स्वहीत माझें मजला दिसेना।
तुजवीण रामा मज कंठवेना ॥ १२॥
नरदेहदोषां वर्ण किती रे।
उच्चार माझे मनिं वाटती रे।
लल्लाटरेषा कधिं पालटेना।

तुज दातुजवीण रामा मज कंठवेना ॥१३॥

मजला अनाथा प्रभु तूंच दाता।
मी मूढ की जाण असेंचि आतां।
दासा मनीं आठव वीसरेना।
तुजवीण रामा मज कंठवेना ॥ १४॥

Printed at Repro India Ltd.